www.tredition.de

AF178737

Norbert Rahn

Die Farbe der Zeit
ist zartbitter

Gedichte

© 2018 Norbert Rahn

Verlag und Druck: tredition GmbH, Hamburg

ISBN
Paperback: 978-3-7469-7580-1
Hardcover: 978-3-7469-7581-8
e-Book: 978-3-7469-7582-5

Inhaltsverzeichnis

Allgemeine Gedanken zur Zeit 11

Alles zu seiner Zeit 11

Prospektiv 12

Retrospektiv 14

Papierlos glücklich? 16

Zeit, ein wertvolles Geschenk 18

Genuss im Schleichen der Zeit 20

Zeit aus höherer Perspektive 22

Die Doppelwelt 22

Die Kerze 24

Rush Hour in der Metropole 26

Liebe heilt Vergänglichkeit 28

Hastige Flucht 30

Jahreszeiten 31

Vier Jahreszeiten 31

Frühlings-Triumph 34

Sommerlust 35

Herbstzauber 38

Winterzeit – Aufbruchszeit? 40

Das Schneeglöckchen 41

Kindheitliche Betrachtung der Zeit 42

Erstmals allein zuhause 42

Lyrik-Tag im Kindergarten 44

Im Wald mit Opa 46

Ein gespenstisches Gespenst 50

Zeit: Ziele und Sinne 52

Kreiselnder Sinn 52

Wenn die Farben stürben 53

Tugend als Ziel..54

Resilienz als Ziel..55

Schwierigkeit des Optimismus.......................................57

Drei "W"s 58

Leben im Jetzt..59

Zeit und Begebenheiten **61**

Umgeben von Namenlosen 61

Natürlich...63

Coffee to go 65

Baum mit Liebe 67

Von Werbung, Gier und Reue...69

Das Leben kostet nur ein müdes Lächeln.......................70

Die Lebensschaukel..72

Bürokratie und Dienst nach Vorschrift............................74

Selbstgespräch 75

Vom Geben und Nehmen..77

Spielend leicht, wie das Leben 78

Feiertage...**80**

Drei Weihnachtswünsche 80

Silvester-Vorsatz 82

Humor...**83**

Ursprung und Stetigkeit der Zeit ODER: Samstag
morgens beim Metzger (*kursiv: ich*, normal:
Verkäuferin)..83

Harmloser Zahnarzt-Besuch...85

Ganz normaler HNO-Besuch 87

Der kranke Computer 89

Na, wie geht's?...91

Der malende Poet? 92

Sonstiges & Reisen 93

Die Kette 93

Zauber der Fado-Klänge 95

Transatlantik-Flug 97

Teneriffa 99

Ein Herbst-Tag in Amsterdam 102

Allgemeine Gedanken zur Zeit

Alles zu seiner Zeit

Wie OFT haben WIR schon an ihnen gehangen,
An schöneren Zeiten, die längst sind vergangen?

Wie OFT müssen WIR noch das Heute beklagen,
Beantworten lebensentscheidende Fragen?

Wie OFT will Gedanke nach Zukunftstraum greifen,
Dort suchend entfernte doch silberne Streifen?

Vergangenes konnte noch niemand entfernen,
Ist einfach nur da, für das Leben zu lernen.
Lasst UNS doch im Jetzt und im Hier nur verweilen:
Die Zukunft wird UNS ohnehin bald ereilen.
All Plagen, all Klagen, all jetzige Sorgen -
Sie werden zu goldenen Zeiten von morgen.

Prospektiv

Könnt ihr mich wirklich gut von hier aus hören?
Ich will auch euer Leben gar nicht stören!
Ich habe hier noch Ruhe vor dem Leben,
Denn Ziel ist hier nur, nach Geburt zu streben.

Zehn Wochen noch, dann werde ich geboren -
Jetzt habe ich bei euch noch nichts verloren.
Mein kleiner Körper ist schon fast vorhanden,
Wobei mein Geist hat alles längst verstanden.

Natürlich wisst ihr nichts von meinem Denken,
Alleine muss ich hier mein Schicksal lenken.
Gebt bitte recht gut acht auf euer Sein!
Für euer Leben bin ich noch zu klein.

Ich finde es vorzüglich, hier zu weilen
Und sehe keinen Anlass zum Beeilen.
Das Dasein in Gebärmutters Umgebung -
Genieße ich mit voller Sinn-Hingebung.

Ich muss hier noch nicht schlucken, nicht 'mal
    schnaufen -
Hab' doch die Nabelschnur mit ihren Schlaufen.
Bekannten, Freund hab' ich hier leider keinen -
In eurem Leben suche ich mir einen.

Der Stille Harmonie wird hier gestört,
Wenn ihr Musik mit Dissonanzen hört.
Solch Missklang mag ich nicht, er regt mich auf -
Steh' mehr auf klassischeren Klang-Verlauf.

Und bitte, lasst die Ultraschall-Beleuchtung -
Die nehm' ich wahr als Hochfrequenz-Verseuchung!
Auch ihr in eurem schönen Sein auf Erden,
Ihr hasst es, splitternackt gefilmt zu werden.

Beendung solcher Störung ich erbitte,
Sonst setzt's gezielte pränatale Tritte.
Und wählt für meine Zukunft guten Namen -
Er sollte passen in sozialen Rahmen.

Die größte Sorge gilt dem letztlich' Ziel -
Der Wochen sind's ja schließlich nicht mehr viel.
Dann werd' ich mich in euer Dasein quälen.
Da muss ich leider durch - kann ja nicht wählen.

Sodann bis bald - in ungefähr zehn Wochen!
Schon der Gedanke bringt mein Herz zum Pochen.
Dann darf ich euer Leben endlich sehen
Und hoffe, mehr als Bahnhof zu verstehen!

Retrospektiv

Könnt ihr mich von hier aus hören?
Schließlich will ich euch nicht stören!
Ich sprech' aus euch fernem Garten,
Ihr müsst noch ein bisschen warten.

Längst bin ich ja schon verstorben,
Wurde hier dann angeworben.
Meine Seele ist entstanden,
Als mein Körper kam abhanden.

Hiervon werd' ich nun berichten,
Postmortales Sein belichten.
So will ich euch Einblick geben
In die Zeit nach Erden-Leben.

Sollte ich zu langsam sprechen,
Ist es gar nicht mein Gebrechen!
Anders als in eurer Wirklichkeit
Gibt es hier nicht Raum, nicht Zeit.

Materielles, Trinken, Essen
Könnt ihr hier getrost vergessen.
Keiner hier kennt eure Schmerzen,
Nicht einmal gebroch'ne Herzen.

Weiche Wölkchen darf ich reiten,
Schweben in der Welten Weiten,
Lauschen süßer Harfen Klängen.
Niemand will zu etwas drängen.

Friedvoll nur in Liebe weilend,
Ganz gemächlich, niemals eilend,
Darf die Seele sinnlich schweifen
Und den Kosmos-Rand begreifen.

Hier darf ich die Farben sehen,
Die ihr würdet nicht verstehen.
Sie sind sanft, doch leuchtend klar;
Wechseln nehm' ich ständig wahr.

Hört nun auf, um mich zu trauern!
Müsste ich nicht euch bedauern?
Qualvoll grübelnd über Sorgen
Seht ihr nicht das strahlend' Morgen.

Hier herrscht Universums Liebe,
Dort sind's eure wilden Triebe.
Ihr kämpft mit den Lebensqualen,
Während hier die Lichter strahlen.

Papierlos glücklich?

Die Menschen schufen erste Schriften-Zeichen
sechstausend Jahr' vor unsrer Gegenwart.
So konnten sie ihr hehres Ziel erreichen:
Die Schriften wurden für uns aufbewahrt.

Als Schriftenträger dienten unsren Ahnen
Gesteine, Ton, Papyrus, Pergament.
Papier erzeugen wir in ganzen Bahnen,
Ein jeder heut ein Buch sein Eigen nennt.

Das Buch liegt herrlich griffig in den Händen,
Ist gut zu lesen - auch bei Sonnenlicht,
Sitzt oftmals gut geschont in ledern' Bänden;
Nur Flecken, Eselsohren mag es nicht.

Des Morgens Auftakt ist die Tageszeitung;
Das Zeitungsknistern ist beim Frühstück Pflicht.
Jahrzehnte ist die Zeitung mir Begleitung,
Verbirgt perfekt das müdeste Gesicht.

Papier wird heut'ge Schriften konservieren,
Hier ist wohl kaum ein Zweifel angebracht.
Wann werden wir Papier eliminieren?
Die Frage kann man ziehen in Betracht.

Die Elektronik wird Papier ersetzen,
Doch wie wird Schrift dann letztlich konserviert?
Die Archivierung folgt zwar den Gesetzen,
Ist jedoch nur für Kurzzeit konzipiert.

Trotz Wissens um der Elektronik Schwäche,
Verwenden wir die Technik ohne Sorgen.
Wir tippen, wischen auf verschmierter Fläche,
Gerade so, als gäbe es kein Morgen.

Ach ja, wo bitte schreibe ich gerade?
Ist solcherlei Kritik mir denn erlaubt?
Erspart mir bitte Eure Schimpftirade!
Ich streue Asche - auf des Tablets Haupt.

Zeit, ein wertvolles Geschenk

Es ist uns ja allen sehr wohl bekannt:
Die Zeit ist kein käufliches Gut im Leben
Und ist auch schon manchem davongerannt.
Drum ist die Ersparnis der Zeit anzustreben.

Natürlich führt Sparen auch stets zum Verzicht.
Beim Sparen an Zeit, da muss man bedenken:
Die Zeit ist unendlich, das Leben ist's nicht.
Nur falls es sich lohnt, gilt es Zeit zu verschenken.

Ein Großteil der Zeit wird ja schlafend verbracht,
Und reichlicher Schlaf ist wohl gut investiert.
Wer liebt das Gefühl nach der schlaflosen Nacht,
Wenn dann unser Geist noch ganz träg protestiert?

Auch Arbeit, sie stiehlt uns beständig die Zeit.
Selbst wenn die Ersparnis hier klänge einträglich,
Beraubte uns ständige Muße der Fähigkeit.
Der Lohn gibt uns Brot, das brauchen wir täglich.

Beim Reisen, da fordert die Zeit viel Tribut.

Doch sollten wir hier wirklich freiwillig sparen?

Uns liegt doch die Neugier auf Ferne im Blut -

Genau wie den Ahnen, die Seefahrer waren.

Die Zeit sie ist kostbar - das hab' ich kapiert.

Sucht jemand Geschenke für all seine Lieben?

Ihr habt es geahnt, habt es längst registriert:

Als wertvollste Gabe ist - ZEIT verblieben!

Genuss im Schleichen der Zeit

Leben im Alltag scheint schnell wie der Sand in der
Uhr zu verrinnen -
> Alles fließt hastig dahin, ohne dass man es
> bemerkt.

Drohen nicht Hektik und Hetze uns jeglicher Kraft zu
berauben.
> Ausgleich tut ganz dringend not, brächte uns
> Rekreation.

Führen denn neben Tabletten auch andere Wege zur
Auszeit?
> Antwort ist einfach: "Genuss!". Schwelgen
> heißt Bremsen der Zeit!

Wenn wir es schafften, den Fokus ganz auf das
Schwelgen zu richten:
> Ticken der Uhr, es hört' auf; Zeiger, sie kämen
> zum Stand.

Schwelgen durch Lesen im faszinierenden, span-
nenden Buche
> Führt zum Vergessen der Zeit; Sand in der
> Sanduhr rinnt zäh.

Auch durch Erlebnis der Malkunst lassen die Sinne
sich fesseln,
> Wie auch die rasende Zeit: Zeitlose Ruhe tritt
> ein.

Träumendes Lauschen der lieblichen Töne der magischen Lieder

Schenkt uns die Rekreation, lässt all die Hektik vergeh'n.

Flüge der Vögel, das Ziehen der Wolken, das Fallen der Tropfen -

Plötzlich schleicht alles dahin, wenn der Genuss uns umfängt.

Zeit aus höherer Perspektive

Die Doppelwelt

Durch unsre weite Galaxie spazierend,
Entlang am milchig-trüben Himmelszelt,
Erblickte ich - und das war faszinierend -
Die erste je entdeckte Doppelwelt.

Auf beiden Welten existierte Sein,
Jedoch in ganz verschiedenen Gestalten.
Auf erster lebte schleichendes Gebein,
Auf zweiter konnte alles sich entfalten.

Die Szenerie zog mich in ihren Bann,
So dass ich sie mir ganz genau besah
Und einfach mit der ersten Welt begann -
Zumal das Dasein dort recht simpel war.

Dort schlich Gebein herum, als wär's auf Leim -
Der Grund war eventuell Gravitation.
Gestalten ruderten im Daseins-Schleim.
Was war denn dieses Schleims Komposition?

So einfach ließ sich hier die Antwort nicht
Ermitteln, denn die Konsistenz bestand
Aus Vorschrift, Norm, Moral, Gesetz und Pflicht,
So zäh und sumpfig wie der treibend Sand.

Die zweite Zwillingswelt war grundverschieden,
Mit hochentwickelten Intelligenzen
In Freiheit, Seligkeit und tiefem Frieden.
Sie kannten weder Leim, noch Schleim, noch Gren-
zen.

Und doch sah's aus, als wären diese Wesen,
Die körperlos und schwerelos hier schwebten,
Zuvor ein Teil der ersten Welt gewesen,
Wo die Gebeine früher schleimig klebten.

Es wird für immer mir ein Rätsel bleiben:
War nicht die Weltentstehung völlig gleich?
Doch jetzt: Da seh' ich träge Körper treiben -
Und dort: Der Geist in grenzenlosem Reich.

Die Kerze

Gleicht Leben nicht dem warmen Kerzenschein?
Die Kerze wird an jenem Tag entzündet,
An dem das Kindlein schwebt ins Leben ein,
An dem sein Name wird voll Stolz verkündet.

Nur brennt die helle Flamme nicht konstant,
Sie flackert eher quicklebendig, wild -
Doch wirkt ihr Licht beruhigend und entspannt,
Erhellt sogar des Lebens Dunkel mild.

Wenn wir mit Herz auf neuen Wegen schreiten,
Dann scheint die Flamme kurz und kraftvoll auf,
Als würden Liebe, Energie sie leiten.
Das Fähnlein Ruß nimmt jeder gern in Kauf.

Ein kleines Tröpfchen Wachs darf auch schon fließen
Hinunter an der runden Kerzenwand -
Genau wie wir die Tränen dann vergießen,
Wenn Traurigkeit gewinnt die Oberhand.

Die Kerze sei vor Windes Hauch zu schützen,

Dass sie erleuchte lange Herz wie Geist.

Kein irdisch' Schild noch Schutz wird uns mehr nützen,

Wenn uns der Todesengel einst umkreist.

Wann hört des Lebens Kerze auf zu brennen,

Und wann erlischt ihr tröstlich heller Schein?

Der Mensch kann hier nicht Tag, nicht Jahr benennen,

Denn das kann nur der Herr des Lichts allein.

Egal, welch großen Kampf das Dasein focht,

Der Hauch des Todes kennt nicht Raum, nicht Zeit.

Am Ende bleibt ein Stückchen schwarzer Docht -

Doch dann steht neues Licht für uns bereit.

Rush Hour in der Metropole

Genussvoll schwebend in der Troposphäre
Ließ ich den Blick gen Erde schweifen.
Ich fühlte mich der Stadt so nah, als wäre
Die Metropole mit der Hand zu greifen.

Durch nebelgrauen Smog sah ich Gestalten
In alltagsgrauem Anzug hektisch ziehen.
Die Wesen mit ganz tiefen Sorgenfalten
Ersehnten nichts, als einfach nur zu fliehen.

Das kalte Starren aus den trüben Augen -
Es schien schon nicht mehr Teil des "Ich" zu sein -
Versuchte, sich an Uhren festzusaugen.
Was war der Grund der Flucht? Die Zeit allein?

Dass Zeit verrinnt, ist uns ja wohlbekannt -
Doch hatte ich noch nie davon gehört,
Dass ganze Städte vor ihr weggerannt
Und dass die Bürger sind komplett verstört.

Nach einem Weilchen sollte ich begreifen,

Dass die Gestalten eiligst danach strebten,

Den Schatten neben ihnen abzustreifen

Und deshalb solche Hast und Qual erlebten.

Natürlich war der Schatten Teil des "Ich":

Der Schatten wollte die Gestalt erfreuen,

Dem Schattenspender helfen, um so letztlich

All dessen Sorgen gänzlich zu zerstreuen.

Solch Schatten wächst in jedem unsrer Herzen,

Wo er wird in uns Trost und Hoffnung schüren.

Er hilft uns sanft, die Schwächen auszumerzen

Und wird uns stets auf rechte Wege führen.

Liebe heilt Vergänglichkeit

Was haben wir schon an Gegenständen besessen
Und über die Generationen weitergegeben
In Hoffnung auf Reminiszenz an früheres Leben?
Doch hilft der Besitz denn wirklich gegen Vergessen?
Am Ende wird ohnehin alles ins Damals verfrachtet,
Ins Abseits verschoben, von keinem Mensch mehr
beachtet.

In unserem Dasein sind wir seit jeher empfänglich
Für Zeug wie Geld und Prunk, für jeglichen
    Schnickschnack,
Für allerlei Dinge mit letztendlich schalem
    Geschmack.
Es ist uns bewusst, dass irdisches Gut ist
    vergänglich,
Behalten es dennoch über Dekaden hinweg,
Auch ohne zu überdenken den Sinn oder Zweck.

Natur wurde niemals recht lange im Stillstand
    gesichtet:
Wälder und Wiesen, Steine, Meere und Flüsse
Verändern sich stetig - genau wie der Menschheit
    Ergüsse.
So werden die Wälder gerodet, Erden verdichtet,
Die Steine von schürfendem Wasser stetig
    geschliffen,
Und alles wird ständig durch Gift angegriffen.

Die Zeit aller lebenden Wesen ist stark limitiert.
Selbst wenn sie sich angepasst gut mit dem Wandel
  bewegen,
So können sie doch nur relativ kurz überleben
Und werden am Ende vom Reich des Todes kassiert.
Auch ehrliche, tiefe Gefühle wie Freude und Trauer:
Sie kommen und gehen im Laufe der irdischen
  Dauer.

Was bleibt denn, wenn alles wurde ins Damals
  verfrachtet?
Nach langem Bedenken die Antwort: Hoffnung und
  Liebe,
Von der bereits Paulus biblisch beschrieb, dass sie
  bliebe. (*)
Die wertvollsten Güter, sie werden unendlich
  geachtet.
Wird stürmischer Wind all die Dinge wie Dünen
  verwehen -
Bleibt Hoffnung, bleibt Liebe als Fels in der Brandung
bestehen.

(*) 1. Korinther 13

Hastige Flucht

Wer nimmt sich heute noch für sich die Zeit,
Sich auf das Ich, das Ego zu besinnen?
Stattdessen zwingen uns Besessenheit,
Entfremdung - vom Ego Abstand zu gewinnen.

So fliehen wir voll Hektik vor dem Leben,
Versuchen abzuschütteln Egos Schatten,
Und Selbsterkenntnis wird ersetzt durch Streben
Nach Tand, nach Glück, nach Macht bis wir ermatten.

Von Hast, von Flucht getrieben wir erschlaffen
Und suchen dann Distanz auf weiten Reisen:
Der Urlaub soll den Ausgleich uns verschaffen -
Welch raffinierter Trick, um auszureißen!

Die These "Hast durch Flucht" ist zu beweisen,
Doch als Verdacht hat sie Berechtigung.
Die Reflexion des Ichs ist schon zu preisen -
Gewährt sie uns ja auch Entschleunigung.

Der Weg zur Selbsterkenntnis, er fällt schwer -
Zumal in angespannter Situation.
Jedoch die Einzelschritte lohnen sehr -
Zum Beispiel Meditieren, Religion, ...

Jahreszeiten

Vier Jahreszeiten

Wir hören beharrlich die Leute das Wetter beklagen,
Vernehmen um Mitleid heischendes klägliches
    Stöhnen.
Das gibt mir Gelegenheit, mich einmal selbst zu be
    fragen:
Verwöhnen die Zeiten des Jahres uns nicht auch mit
    Schönem?

Der Frühling, er steht für den Anfang, die Hoffnung,
    das Neue.
Die prächtigen Blumen entfalten sich jäh aus den
    Knollen.
Natürlich ist nicht zu erwarten, dass jeder sich freue,
Denn "in" ist das Klagen über die Schwaden von
    Pollen.

Der Sommer beschenkt uns mit Wärme, mit heiterer
Zeit.
Wie herrlich, nun eisigen, kühlen Getränken zu
frönen!
Notorische Nörgler sind aber zum Mosern bereit -
und dürfen nun endlich die sengende Hitze
bestöhnen.

Der Herbst bringt zum Nachdenken inspirierende
Tage.
Das Leuchten der Blätter lädt nun zu Spaziergängen
ein,
Und Letztere wiederum laden gleich - gar keine
Frage! -
Zum Jammern uns ein: "Leben ist mehr als gemein!".

Der Winter, er sendet uns klirrende, frostige Grüße.
Die Kinder genießen das Spielen im pulvrigen
Schnee.
Den Miesmacher grämen die eiskalten Hände und
Füße, -
Und kürzere Tage sind Anlass zum Hadern per se.

Das Werfen von Steinen im Glashaus, es ist mir ver-
hasst:
Wohl jedermann hat sich bei ähnlichem Hadern
    ertappt.
So hab ich den Vorsatz, das Klagen zu zügeln,
    gefasst -
wobei ich schon weiß, dass solch Planung ganz
    selten gut klappt.

Frühlings-Triumph

Grauer Wintervorhang wird zerrissen,
Von warmen Sonnenstrahlen aufgespießt.
Wehend laue Luft ist Leckerbissen
Für den, der erste Wärme nun genießt.

Seht ihr wilden Kampf der Farben wogen?
Dem Untergang sind Grau und Braun geweiht.
Sieger prangen bunt wie Regenbogen;
Ab jetzt im Saft das satte Grün gedeiht.

Grüne Blätter falten sich aus Zweigen;
Des Krokus Finger strecken sich empor.
Osterglocken Köpfe kussgleich neigen;
Natur, einst gut versteckt, wagt sich hervor.

Tulpen wiegen Bonbon-farb'ne Becher
Als würden sie erwarten feinen Met,
Anzustoßen mit frivolem Zecher,
Umweht von feinem, blumigem Bukett.

Lila Flieders Wunderkerzen stehen;
Betörend Düfte rauben fast den Sinn.
Leuchtend gelb' Forsythien sind zu sehen;
Sie ziehen magisch Immen zu sich hin.

Diese Schlacht der Frühling hat gewonnen,
Den kalten, grauen Winter weggefegt.
Endlich hat das Jahr für mich begonnen,
Melancholie wie Kleidung abgelegt.

Sommerlust

Mit Vogelzwitschern geht's in Tag hinein.
Der Sonne Strahlen Lebensgeister wecken.
Fühlt Kraft und Energie, die in euch stecken!
Genauso soll ein Sommermorgen sein.

Die warmen Mäntel längst im Schrank verstaut.
Nur kurze, leichte Kleidung wird getragen,
So manche Blöße wir jetzt wieder wagen.
So frei wie möglich atmen darf die Haut.

Die Zeit der unbeschwingten Heiterkeit
Zieht Menschen magisch auf Balkon, Terrasse,
Weil jeder bangt, er drinnen viel verpasse.
Verbiss'nes Grau weicht warmer Lockerheit.

Wie plötzlich ändern wir den Lebensstil:
Die Speisen munden saftig, knackig, fruchtig –
Nicht wie im Winter süß und fett und wuchtig.
Gesunde, leichte Kost ist manchers Ziel.

Getränke werden stilvoll jetzt gereicht:
Geeistes Glas des Biers ist schnell beschlagen.
Verzierte Cocktails werden aufgetragen –
In lauer Nacht zu viel davon vielleicht.

Bedeutungsvoll die reiche Farbenpracht:
In Sonnenblumen-Gelb die Kleider strahlen –
Selbst Künstler lieben solches Bild zu malen,
Als wär' die Kunst vom Winterschlaf erwacht.

Das Löwenmaul, die Gänseblümchen, Mohn,
Vergissmeinnicht, Geranien, Sonnenblumen
Verstrahlen bunten Ton in höchstem Lumen.
Sie zoll'n der Sonne wohlverdienten Lohn.

Die Jahreszeit nicht nur die Sonne kennt:
Gewitter-Regen bringen oftmals Kühle,
Vertreiben donnernd, blitzend lästig' Schwüle.
Der Sommer strotzt nur so vor Temp'rament.

All Kinder liebstes Wort ist hitzefrei.
Im Schwimmbad fühlen sie sich nun zuhause –
Erst kühles Eis, dann prickelnd bunte Brause.
Sie sehnen Ferien möglichst schnell herbei.

Ganz generell ist Sommer Urlaubszeit.
Gedanken lechzten lang nach Meeresrauschen,
Wo wir dem Wind, der Wellen Brandung lauschen.
Kalender sagt, es wäre nicht mehr weit.

Kurzum ist Sommerleben leicht wie Spiel,
Auch wenn die Hitze viele gern beklagen.
Wir seh'n uns in die Augen, um zu fragen:
Ist grauer, kalter Winter unser Ziel?

Herbstzauber

Des Sommers erwärmende Leichtigkeit verklang
Wie liebliche Schlussakkorde der Symphonie.
Ward abgelöst durch schwereren Moll-Gesang,
Bescherend Gedanken voll innerer Harmonie.

Nun holt uns bald ein die gebende Erntezeit:
Fleißigen Bauern und Winzern im Weinberg
   gebühren
Nebst freudiger Wertschätzung lobende Dankbarkeit,
Ermahnen uns, Leben bewusst und in Demut zu
   führen.

Des Laubes Verfärbung läutet die Wende ein.
Natur wird erfinden beständig neue Facetten.
Genießt den Kontrast der Gedanken zu neuem Wein
Und schwelgt unter tiefblauem Himmel in goldnen
   Paletten!

Bald Vögel in Schwärmen in südlich Gefilde
   hinziehen,
Die Schatten beginnen zu wachsen im milchigen
   Licht:
Der Wende zu kürzeren Tagen kann niemand
   entfliehen!
Verschmähet die Vielfalt der Jahreszeiten doch nicht!

Am rauschenden Bach dort wogen die Äste der
  Weide.
Wenn neblige Schwaden mystisch verschleiern den
  See
Und webend umgarnen die Spinnen das Dasein mit
  Freude:
Erwarten wir die aus dem Nichts erscheinende Fee?

Winterzeit – Aufbruchszeit?

Sobald an feuchten grauen Nebeltagen
Die Flüsse der Gedanken zäher fließen,
Will miese Laune frohen Sinn verjagen:
Denn wer will dunkle Kälte schon genießen?

Seh' keine Damen mehr in leichtem Kleide -
Die Winterkleidung muss von nun an wärmen.
Seh' kahle Felder, wo einst stand Getreide -
Ist nicht die Zeit, vom Füllhorn vorzuschwärmen.

Ganz schnell muss irgendetwas hier geschehen;
Nach neuem Ansporn muss ich dringend suchen!
Das Warten lässt das Hadern nicht vergehen -
Und sinnlos ist's, den Winter zu verfluchen.

Ein guter Vorsatz ist jetzt Reiseplanung:
Es hilft bereits die grobe Zielbestimmung -
Schon bei der warmen Sonne bloßer Ahnung
Schnellt hoch der Pegel meiner Grundgesinnung.

Ach, Planung! Du darfst ruhig lange dauern –
Dein Ziel ist, Herzenswärme zu entfalten.
So trotzen wir des Winters kalten Schauern -
Der Planung Freude muss bis Frühling halten.

Das Schneeglöckchen

Noch schläft die Natur in winterlich friedlichem Weiß.
Ein zartes Geschöpf, es wagt sich tapfer hervor,
Als wollt' es erstreben des Frühblühers goldenen
    Preis:
Das Schneeglöckchen dringt durch den kalten Boden
    empor.

Es zeigt seine starken, grünen Blätter im Schnee,
Aus denen ragt schnell die zierliche Blüte heraus.
Die Pflanze zeigt Mut durch diese gewagte Idee,
Bereitet hiermit beinahe dem Winter den Garaus.

Jedoch wird die Blüte oftmals vom Winter erdrückt
Durch klirrende Waffen wie Schnee oder eisigen
    Frost.
Nur kurz das Schneeglöckchen sich zu Boden dann
    bückt,
Um später zu dienen den ersten Immen zur Kost.

Sind Schneereste endlich durch Strahlen der Sonne
    getaut,
So stehen die Glöckchen wieder - in Form einer Eins.
Das Leben vernimmt den leise läutenden Laut,
Empfindet die Frühlingsgefühle als Teil unsres Seins.

Kindheitliche Betrachtung der Zeit

Erstmals allein zuhause

Wohl beinah jedes kleine Menschenkind
Wird irgendwann die Situation erfahren,
Dass erstmals Eltern weggegangen sind.
Im Bettchen liegend wittert es Gefahren.

Stockdunkel ist's, an Schlaf ist nicht zu denken:
Was, wenn Gespenster, Monster jetzt erwachen
Und die Gedanken in die Angst abschwenken
Aus Furcht vor Bösewichten, Räubern, Drachen?

Oh, weh! Dort wankt ein Schatten an der Wand,
Ja, dort, gleich gegenüber meinem Fenster!
Gleich packt mich eine knöchern kalte Hand
Des übelsten der schrecklichen Gespenster.

Wie Teddys Augen rötlich glimmend funkeln!
War er bei Tageslicht doch lieb gewesen,
So ist er jetzt im furchterregend Dunkeln
Ein boshaftes, ein fürchterliches Wesen.

Das Schaukelpferd wird plötzlich feurig, wild.
Am Tage war es immer so schön niedlich -
Jetzt zeigt es jäh ein völlig andres Bild,
Und das ist alles andere als friedlich.

Mein Herz, es rast; das Blut, es schießt zum Schopf;
Ich weiß: Dämonen kommen ohne Warnung.
Ganz schnell die Decke über meinen Kopf!
Sie bietet etwas Schutz, dient auch zur Tarnung.

Jetzt keinen Laut! Auf keinen Fall bewegen!
Ins Kissen krallen sich vor Angst die Finger;
Gefühlte Stunden hab' ich so gelegen -
Die Furcht, sie wurde keineswegs geringer.

Ein hartes Klicken, dann ein grelles Licht!
Die Mama nimmt mich sanft, besorgt empor -
Die Angst, mein feuchtes Haar, entgeh'n ihr nicht.
Auch Teddy sieht so lieb aus wie zuvor.

Muss dies Erlebnis denn tatsächlich sein?
Den Kleinen prägt es sich für immer ein.
Für's Kind ist es die allerhöchste Pein,
Erstmals im Finsteren allein zu sein.

Lyrik-Tag im Kindergarten

Kindergarten - Lyrik-Tag:
Das Ziel ist, Kinder abzulenken.
„Ob ein Kind Gedichte mag?",
Beginne ich für mich zu denken.

Ist es Kindergarten-Ziel,
Gedichte hier schon aufzusagen?
Lernen Kinder hier zu viel?
Das will mir gar nicht so behagen.

Da steht auf ein kleiner Wicht.
Er meldet sich so ganz verlegen:
„Ich kann auch schon ein Gedicht!"
Erzieherin kommt ihm entgegen.

Sieht ihn an mit zweifelnd' Blick:
„So bitte ich Dich aufzusagen!"
Knaben freut's, versucht sein Glück.
Er denkt sich: „Warum nicht 'mal wagen?"

Erhebt sich würdevoll zum Beginn.
Erzieherin kann es kaum fassen:
„Ich ging im Walde so für mich hin …",
Das Kind zuerst hat hören lassen.

Schön betonend jedes Wort,
Gefühlvoll sprechend, Gesten zeigend,
Schließt er ab mit: „… blüht so fort.",
Zum Abschluss sich ganz leicht verneigend.

Schweigen lähmt den ganzen Raum.
Erzieherin ist erst benommen,
Wähnt sich in befremdlich' Traum
Und lässt die Leiterin dann kommen.

Knabe wieder rezitiert.
Auch Leiterins Gefühle wallen,
Fragt, wer Werk denn konzipiert.
„Von Goethe ist's – hat mir gefallen."

Sachverhalt ist wirklich wahr.
Nur dreimal hab' ich's vorgetragen,
Als das Kind vier Jahre war.
Er lauschte Dichtung mit Behagen.

„So - und jetzt bin ich mal dran!"
In falschem Film wollt' ich mich wähnen.
Herrlich Vortrag lauscht' ich dann,
Ich musste kämpfen gegen Tränen.

„Wo kann hier die Lehre sein?",
Am Ende wir uns oftmals fragen.
Klingen Reime sanft und fein,
So werden sie ins Herz getragen.

Im Wald mit Opa

Es war an so einem schönen, erfrischenden
    Spätsommermorgen:
Ich war zu Besuch bei Opa - ganz ohne jegliche
    Sorgen,
Mich freuend schon riesig auf jeden so sommerlich
    luftigen Tag.
Wir folgten recht lange dem steinigen Waldweg mit
    Schotter-Belag.

Mein lieber Opa, er nahm mich ganz fest an der
    kindlichen Hand.
So sprangen wir über den Graben hinüber zum
    buschigen Rand.
Ich durfte zum ersten Mal jetzt das Waldstück von
    innen erblicken
Und ließ mich vom bräunlichen, grünlichen Lichtspiel
    sofort verzücken.

Ich hätte mir so die Natur ja noch nicht mal im
    Traume erdacht:
Dies leuchtende Moos, von riesigen Bäumen und
    Farnen bewacht!
So sog ich Aromen der würzigen Waldluft in mich
    hinein,
Genießend die Frische süß-harzigen Duftes –
    wie fein und wie rein!

Die Pflänzchen und jedweden Baum bat ich mir
    erklären zu lassen.
Dem Opa gefiel das, er schmunzelte nur und blieb
    völlig gelassen.
Er schilderte alles gemächlich und langsam voll
    lieber Geduld,
Und dafür steh' ich ihm noch heute in tiefer,
    respektvoller Schuld.

Mit schweifendem Blick über Wurzeln stets
    stolpernd, ganz einerlei;
An ausladend' Farnen, an Ameisenhügeln ging es
    vorbei.
Mein Opa bedeckte nun einen der Hügel mit
    schneeweißem Tuch;
Insekten durch Schütteln entfernt - welch ein
    scharfer, welch beißend' Geruch!

Im Laube geschlurft, von den herben und
    würzigen Kräutern genascht,
Dann wieder vom süßen Geschmack wilder Beeren
    sehr überrascht.
Am besten gefiel mir das Schwarz-Weiß der
    marmorgemaserten Birken:
Das schimmernde Licht ließ die hellgrünen Blätter
    fast glasartig wirken.

In höherem Grase getarnte Rotkappen standen
daneben
Mit bonbon-orangenen Köpfen - wie es nur Kinder
erleben.
Ich wagte den Sprung über kleinen, sich
schlängelnden, plätschernden Lauf;
Mein Sprung war zu weit - doch zwei kräftige Arme,
sie fingen mich auf.

Danach ging es weiter im trockneren, lichteren
Kiefernholz-Tann,
Die Ruhe gestört nur von knackenden Ästen so dann
und wann.
Ein hohles und hämmerndes Pochen befahl uns laut:
"Halt auf der Stelle!".
Des Opas suchender Blick fand den Buntspecht als
lärmende Quelle.

Beim Rückweg war ich voller Freude über das tolle
Erlebnis.
"Ich WILL einmal Förster werden!" verkündete ich als
Ergebnis.
Der Wunsch, er ging nie in Erfüllung. "War's
schade?", so frage ich heute.
Auch mich faszinierte die Technik dann später - wie
andere Leute.

Mein Opa, er liegt schon seit vielen Jahren unter den
Erden -
Und hat es auch mehr als verdient, auf Papier
verewigt zu werden.
Ich habe mir diese Aufgabe sorgfältig, fest
vorgenommen:
Des Waldes Erlebnis soll'n erben die Kinder,
die nach mir dann kommen.

Ein gespenstisches Gespenst

Stellt euch kurz vor, Ihr stündet vor der Wahl,
Zu ändern völlig frei die Daseins-Form:
Zum Stein, zum Tier, zum Geist, zum Baum, egal, ...
Oh ja: Die Auswahl, sie wär' ganz enorm!

Ich träume mir die Wandlung bildhaft vor.
Ein Gegenstand - das wäre zu banal,
Da schösse ich mir ja ein Eigentor!
Der Sinn, die Freiheit weg! Katastrophal!

Auch Pflanzen, Tiere schieden gänzlich aus.
Nur immer Fressen und Gefressen werden -
Verdiente dies denn geistigen Applaus?
Es gibt ganz sicher bess'res Sein auf Erden.

Des Menschen Sein kommt gar nicht in Betrachtung:
Ich kenne es - und jetzt mal offen, ehrlich:
Solch Sein, es fände für mich schon Beachtung,
Wär´ bloß die Arbeit nicht so sehr beschwerlich.

Auch Materielles scheint nicht Wandlungs-Ziel.
Gespenst - das wär's! Stets grinsend vor mich hin
Zu schleichen durch Gemäuer - wie subtil!
Erschrecken, Blödeln wär mein Daseins-Sinn.

Mein Zwirn besteht aus feinster, weißer Seide -
Der allerletzte Schrei der Geistermode.
Die Tracht ist eine pure Augenweide -
Gewollter Gegensatz zum schwarzen Tode.

Gefahr wird nirgendwo mehr auf mich lauern:
Mein Wesen ist nicht Raum-, nicht Zeit-gebunden,
Denn ich kann gleiten durch die dicksten Mauern;
Missfällt die Räumlichkeit, bin ich verschwunden.

Auf Menschen wirke ich ein bisschen kühl -
Dabei bin ich den Leuten wohlgesonnen.
Ihr nehmt es gar nicht wahr, mein Mitgefühl,
Spürt Angst, wenn ihr von meinem Spuk umsponnen.

Mein leises Zähne- und mein Knochenklappern
Sind nun mal Teil gespenstischer Natur.
Viel schlimmer finde ich da euer Plappern:
Recht laut; von Sinngehalt fehlt jede Spur.

Versetzt euch doch einmal in meine Lage:
Ich suche Freunde, bin ja ganz alleine!
So seht mich mehr als Kamerad, denn Plage,
Wenn ich zum zwölften Schlag der Uhr erscheine.

Nehmt mich dann einfach einmal in den Arm,
Auch wenn ihr mich dabei wohl gar nicht fühlt.
Schon der Gedanke ist so wohlig warm -
"Gespenstisch" heißt nicht immer "Unterkühlt"!

Zeit: Ziele und Sinne

Kreiselnder Sinn

Gedanken drehen sich verwirrt im Kreise
Bei Suche nach des Lebens wahrem Sinn.
Ja, dem gebührten königliche Preise,

Der schlüssig führte zur Erkenntnis hin.
Entdeckten wir des Kreises Start und Ende,
So wäre dies schon deshalb ein Gewinn,

Weil dann die Suche eine Richtung fände.
Das lange Kreiseln, langsam wird's zur Pein:
Wir kennen weder Start, noch Ziel, noch Wende,

Sind folglich schnell am Ende vom Latein.
Vielleicht brächt' Weisheit in dies Dunkel Licht?
Mir scheint, hier hilft der Philosoph allein;

Doch der sieht mir nur kurz ins Angesicht,
Erklärt mir unwirsch, laut - und gar nicht weise:
"Geh' weg und störe meine Kreise nicht!"

Gedanken drehen sich erneut im Kreise ...

Wenn die Farben stürben

Bereits in irdisch' Mittelalters Zeit,
Als herrschten schier wahrhaftige Giganten:
Kometeneinschlag brachte Dunkelheit -
Dann Lebewesen nichts als Grau erkannten.

Durch Feuer, Kälte, Staub und Düsterheit,
Zusammen mit dem Untergang der Farben:
Schnell wegradiert für alle Ewigkeit -
Die Dinosaurier damals plötzlich starben.

Was wäre, wenn der Menschheit das passiert,
Wenn Farben-Vielfalt würde uns verlassen,
Wenn nur Konturen würden registriert?
Ein jeder würde diesen Zustand hassen.

Wild plündernd Horden zögen über Land.
Die Düsterkeit verschlänge Sein von Erden.
Gedanken fast mir rauben den Verstand:
Sie dürfen niemals Denkens Fokus werden.

Genießt in vollen Zügen Farbpracht pur,
Bis einst das breite Spektrum wird vergehen!
Saugt auf die Vielfalt bunter Farbstruktur,
Solange wir noch Regenbögen sehen!

Tugend als Ziel

Das Ziel des Seins sei Disziplin und Tugend -
Wie manche Philosophen definierten.
Solch Ziel beträfe Kindheit, auch die Jugend
Und Menschen, die sich lieber amüsierten.

Die Tugend wäre doch ein hehres Ziel,
Wenn wirklich alle würden nach ihm streben?
Vergnügen gäbe es nicht mehr so viel,
Doch auch nicht Krieg, kein Trachten nach dem Le-
ben.

Wie wichtig wäre uns das Wohl der Menschheit,
Verglichen mit dem eigenen Lustieren?
Zu welchem Opfer wären wir bereit,
Um ohne Lug, Betrug zu existieren?

Wir wagten es, die Tugend zu ersetzen,
Durch Regeln für der Menschheit Miteinander.
Bedroht durch Strafen folgen wir Gesetzen;
Der Weg, er gleicht den Schleifen der Mäander.

Wir lieben es, uns stetig zu betrügen.
So wandeln wir zu oft verwirrt im Schein,
Im Schloss gebaut auf Sand, gedeckt mit Lügen,
Genießend lustvoll ohne Ziel das Sein.

Resilienz als Ziel

Wenn Ordnung ist bereits das halbe Leben,
Ist eine Hälfte schon mit Sinn besetzt.
Ist Daseins-Sinn zum Teil flagrant und eben
ganz plötzlich nur noch halb so wichtig jetzt?

Drum lasst uns einfach unsre Ziele wählen!
Da jeder Mensch schielt in die eig'ne Richtung,
Sind es zu viele, um sie aufzuzählen -
Zudem noch mit verschiedener Gewichtung.

So suche ich das rechte Ziel für mich,
Mir stets bewusst des Zieles Konsequenz.
Ist's Geld, ist's Macht? Stattdessen ziele ich
In Richtung Ruhe, Kraft und - Resilienz.

Die Resilienz verleiht uns Kraft, um gar
Nach Schicksalsschlägen, selbst bei Niederlagen
Zu spüren inn'ren Widerstand recht klar -
Sogar bei komplizierten Lebensfragen.

Sie schenkt uns ruhige Gelassenheit,

Um Angst und Unglück besser zu verkraften,

Sowohl in guter, als auch schlechter Zeit.

Genauso lehren es die Wissenschaften.

Auch wenn mein Ziel sei somit definiert -

Ein winzig kleiner Schritt ist erst getan.

Der Weg ist steil und steinig, kompliziert;

Doch ohne Ziel kommt niemand je voran.

Wenn ich gedanklich kehre in mich ein

Und ziehe fein abwägend den Vergleich:

Die Ordnung, sie tut not und soll wohl sein -

Die Resilienz stärkt Willen, macht uns reich.

Schwierigkeit des Optimismus

Genussvoll, freudig spricht der Optimist:
"Wie schön, wie wunderbar das Leben ist!".
Der Pessimist lässt darauf von sich hören:
"So wär's, wenn Du würd'st nicht mein Klagen stö-
ren!".

Wenn wir gedanklich uns spontan befählen,
Ein Mal-Motiv zur Hoffnung auszuwählen:
Wir müssten graue Zellen strapazieren,
Um solches Bild zu visualisieren.

Erbäten wir von uns die Illusion,
Zu malen schrecklich schlechte Situation:
Motive Finden wäre keine Kunst –
Wir malten Armut, Tod und Feuersbrunst.

So sollten wir bewusst Gedanken lenken,
Um Gutes öfter, klarer zu bedenken.
Allmählich würd' das Denken positiver,
Das Leben würde deutlich kreativer.

Erführen wir die "schlechte" Neuigkeit
"Projekt verschiebt sich, braucht mehr Zeit!":
Wär dies denn wirklich gar so schlechte Nachricht?
Gelassenheit sei Ziel - die Hetze nicht!

Drei "W"s

Wenn ich dürft' reine Wahrheit finden heute,
würd' ich beschenkt mit Weisheit, wär' ich klug?
Fiel ich dem Wahnsinn nicht sogleich zur Beute?
Ein Stück der Wahrheit ist für mich genug.

Wenn pure Weisheit würde mich beglücken,
So käme reine Wahrheit ja ans Licht,
Die wieder könnt' zum Wahnsinn mich entrücken.
Nein, pure Weisheit hilft mir gleichfalls nicht.

Bin ich dem Wahnsinn etwa schon verfallen,
Bezüglich Weisheit mich belügend gern?
Lass' ich die Wahrheit hohl im Nichts vehallen?
Oh, Wahnsinns-Nebel, bleibe von mir fern!

Nur: Hab' ich denn die Freiheit, darf ich wählen,
wenn ich der Macht der "W"s verfallen bin?
Will mich womöglich "www" nur quälen,
Als lauernd' Netz aus "Wahrheit, Weisheit, Wahn-
sinn"?

Leben im Jetzt

Wie lassen sich Gedanken an Gegenwart fesseln?

Wie können wir ihr Schweifen gen Zukunft vermeiden?

Gelingt es uns, sie ganz fest im Jetzt einzukesseln

Und ihnen so die Flucht in das Morgen verleiden?

Das Ziel soll sein, den Spatz in der Hand zu genießen,

Zu reflektieren die heutigen Situationen,

Anstatt das Schrot in Richtung der Taube verschießen,

Verfolgend die Analyse von Zukunftsvisionen.

Erlebt das Heute als längere, bleibende Wonne,

Für jetzige Freude müsst ihr in Zukunft nicht zahlen.

Der Regentanz ist besser, als Warten auf Sonne.

So nehmt doch die Regenfäden als flüssige Strahlen!

Um uns'riges Morgen selbstbewusst zu gestalten,

Ist Akzeptanz des jetzigen Seins recht gewichtig.

Die Existenz im Jetzt ohne Sinn zu verwalten,

Zu leben im Traumhaus der Zukunft, das wäre nicht richtig.

Man überschätzt auch die Planung des zukünft'gen Lebens:

Die Planung eignet sich nicht zum Sorgen-Vertagen.

Erfahrung, sie lehrt uns: Die Planung ist sehr oft vergebens.

Die Planungen nutzen uns nichts in dynamischen Lagen.

Zeit und Begebenheiten

Umgeben von Namenlosen

Wann immer mir wird jemand vorgestellt -,
Ist ganz egal ob Herren oder Damen -,
Wenn man sich ungezwungen unterhält:
Sogleich vergess' ich Gegenübers Namen.

Sogar wenn die Person mich fasziniert,
Der Name wird gleich meinem Hirn entweichen.
Ich bin auf Situation so fokussiert,
Dass die Gedanken nicht für Namen reichen.

Schon zwei Minuten später merk ich's dann:
Der Name, der ist weg - unwiederbringlich.
Warum wohl nur gerade ich's nicht kann?
Die Frage ist berechtigt, unabdinglich.

Gar niemand nennt doch Namen nur zum Scherz:
Die höflich' Namensnennung schafft Vertrauen.
Ach, meine Schwäche mir bereitet Schmerz;
Ist schwierig, so Kontakte aufzubauen!

Und immer wieder nehme ich's mir vor,
Beim nächsten Mal auf Namen aufzupassen.
Und was passiert mir dann, mir armem Tor?
Ihr wisst es schon ... ich könnt' mich dafür hassen!

Natürlich

Wenn wir's auch noch so oft verdrängen:
Zu Gast sind Menschen hier doch nur.
Gehorsam folgen wir den Zwängen
Vergessend Wunder der Natur.

Wenn traurige Gedanken nagen
In festgefahr'nen Situationen:
Weshalb nicht die Natur befragen
Zur Suche frischer Reflexionen?

Versucht bei einem Waldspaziergang
Die Vogelstimmen zu verstehen!
Durchschaut Gemütes grauen Vorhang,
Und lasst Gedanken-Nagen gehen!

Genießt das Licht- und Schattenspiel,
Dazu das sanfte Blätterrauschen!
Natur-Betrachtung wählt zum Ziel,
Statt geist'ges Grübeln aufzubauschen!

Der Bäume Pracht, das weiche Moos
Wählt als Gedankengangs Kulisse!
All Sorgen schweben schwerelos
Hinweg, davon - ins Ungewisse.

Bereits auf Rückweg seh'n wir ein,
Dass Relation ist sehr gewichtig:
Natur ist weit, das Denken klein -
All Sorgen werden null und nichtig.

Die Stiefel treten Eden-Garten,
auch wenn wir alles ihm verdanken.
Natur wird nicht einmal erwarten,
Dass wir uns auch nur kurz bedanken.

Natur und wir sind nunmal eins,
Nur wird sie leider schlecht behandelt.
Das Dach, der Boden menschlich Seins
Wird skrupellos durch uns verschandelt.

Coffee to go

Oh nein! Der Wecker rasselt wieder,
Zwingt mich zum Öffnen schwerer Lider.
Der Himmel zeigt sich grau, verhangen,
Die Müdigkeit ist nicht vergangen.

Wenn Halbschlaf bremst noch die Gedanken,
Muss ich schon Richtung Küche schwanken.
Vom Kaffee nehme ich ein Schlückchen;
Gedanken kommen - Stück für Stückchen.

Oh Kaffee! Du bist ein Geschenk,
Bist meiner Seele Sprunggelenk.
Nach ein, zwei deiner schwarzen Tassen
Kann ich Gedanken glasklar fassen.

Allein schon dein Aroma-Duft -
Betörend in der Morgen-Luft -
Vertreibt ganz schnell die Müdigkeit
Und schenkt mir aufgeweckte Zeit.

Dazu bist du noch Hochgenuss -
Gefühlt wie zarter Morgenkuss.
Auch deine Vielfalt ist beträchtlich -
Wohl niemand fände sie verächtlich.

Kredenzt als starke, kleine Tasse,
beweist du deine feine Rasse.
Gekrönet durch des Rahmes Schaum
Wird Deine Energie zum Traum.

Genießer lieben dich nicht nur,
Für sie gehörst du zur Kultur.
So einst du Menschen aller Jahre,
Bist Grund für manche Liebespaare.

In feinstem Porzellan serviert,
Mit Silberlöffeln zelebriert,
Gibst du Gesellschaften der Damen
Oft schönen, feierlichen Rahmen.

"Quo vadis?" überleg' ich mir,
Geliebtes Lebenselixier.
Zu sehen dich in Wegwerf-Tassen
Will keine Freude keimen lassen.

Genauso könnten mich erbosen
Die Coffee Drinks in blechern' Dosen.
Wann wird ersetzt das "Hoch die Tassen!"
Durch: "Dich möcht' ich mir spritzen lassen!"?

Baum mit Liebe

Noch heut will ich mit der Gewohnheit brechen;
Ich such' danach, die Pflanzen zu verstehen
Und will mit ihnen ganz bedächtig sprechen.
Ist Antwort zu erhalten? Werd' ich sehen!

Ich suche mir die Riesen-Eiche aus,
Die würdevoll erstrahlt in starker Kraft.
Sie ist wohl dreimal höher als ein Haus
Und steht schon über hundert Jahr' in Saft.

Voll Demut näher' ich mich ihrem Schatten,
Begebe mich bedächtig zu ihr hin.
Ob sie wohl würd' Gespräche mir gestatten?
Gefühle, Zweifel fesseln meinen Sinn.

Ich streichle über tief zerfurchte Rinde,
Erfühle harten, warmen Widerstand.
Die Krone rauscht und schwingt für mich im Winde!
Die Antwort bringt mich fast um den Verstand.

Die alte Pflanze, dieser stolze Baum

Ist eins mit mir, versteht mich, fühlt mich, liebt mich!

Ist das hier alles nur ein schöner Traum?

Doch nein - all dies ist echt, ist herrlich wirklich!

Beim Abschiednehmen muss ich mich verneigen:

Wie kam ich? Grübelnd, müde, ausgebrannt!

Ich nehm' noch wahr das Winken mit den Zweigen.

Wie geh' ich fort? Erleichtert, ganz entspannt!

Jetzt schreitend federnd durch den schönen Park,

Ich weiß - noch nachsinnierend Baumes Bann -:

Des Baumes Energie, sie macht mich stark!

Ich komme wieder her, sobald ich kann!

Ich denke völlig klar, ja lupenrein

Und präge mir für immer sorgsam ein:

Ein jedes Dasein hier bei uns auf Erden

Hat wohlverdientes Recht: Geliebt zu werden.

Von Werbung, Gier und Reue

Beständig will mir Werbung suggerieren,
Dass irgendetwas mir zum Glück würd' fehlen.
Ganz unbewusst lass ich mich inspirieren,
Bis jetzt im Glauben an mein Recht, zu wählen.

Durch Neugier auf die suggerierte Ware
Beginnt Gefühl zu hadern mit Verstand:
Gefühl: "Das Ding, das ist das einzig Wahre!".
Verstand: "Nur neuer, nicht genutzter Tand!".

Gewöhnlich wird Gefühl Verstand besiegen,
Wird Freude auf das "Irgendetwas" wecken.
Verstand wird letztlich kläglich unterliegen -
Gefühl wird immer neuen Weg entdecken.

Nachdem die Freude ist einmal entfacht,
Betritt das Monster Gier das böse Spiel.
Nur noch an Glück des Habens wird gedacht -
Der Tand wird regelrecht zum Lebensziel.

Obwohl der Kreislauf ist uns wohlbekannt,
Durchlaufen wir ihn wiederholt auf's Neue:
Am Schluss siegt still und leise der Verstand -
Der leise Siegesjubel nennt sich - Reue.

Das Leben kostet nur ein müdes Lächeln

Der Ausdruck des Gesichts kann vieles sagen,
Er macht uns Gegenübers Laune klar.
Gefühl und Laune, Liebe, Hass und Fragen:
Das alles stellt die Mimik deutlich dar.

Und doch: Was will das Lächeln uns bedeuten?
Die Deutung kennt hier vielerlei Gestalt,
Hängt ab von Situation und von den Leuten;
Hier gibt es wirklich ungeahnte Vielfalt:

Der Vorgesetzte lächelt zur Belohnung
Und zollt damit der guten Arbeit Lob.
Er schenkt dem Lob durch Lächeln noch Betonung,
Das Lächeln spart ihm langen Dialog.

Des Freundes Lächeln meint Entgegenkommen;
Er zeigt uns lächelnd seine Empathie.
Solch Lächeln wird stets gerne angenommen,
Bezeugt ja Ehrlichkeit und Sympathie.

Doch Lächeln kann auch überheblich zeigen

Die Dominanz und Überlegenheit.

Respektspersonen gerne dazu neigen,

Durch Lächeln darzustellen Obrigkeit.

Gemeinste Art des Lächelns ist das Grinsen.

So mancher Mensch grinst hämisch, schadenfroh,

Wenn Andren geh'n dieTaten in die Binsen.

Meist ist der Grinser dumm wie Bohnenstroh.

Genug des Lächelns wurde nun beschrieben.

Das einfühlsame Lächeln ist begehrt.

Nur eine Frage ist für mich geblieben:

Ist Mona Lisas Lächeln abgeklärt?

Die Lebensschaukel

Das Kind plant schon im Mutterleib,
In unser Leben einzufliegen,
Und schon ein paar Jahr' später dann
Darf's Schaukelpferd die Kinder wiegen.

Bald kommt der Jugend wildes Alter;
Hier wird nicht alles gleich gelingen.
Sie sucht im bunten Jahrmarkt-Treiben,
In schaukelnd' Schiffen sich zu schwingen.

Dann in des Lebens Schaffensphase,
Dort folgen Hochs, auch Tiefs und Dellen.
Wie "Auf" und "Ab" - so läuft das Leben,
Stark schaukelnd wie auf Meeres Wellen.

Die Ält'ren suchen lesend Ruhe
Ganz langsam schaukelnd, still und leise.
Das Bild allein ist schon Genuss
Und schickt Gedanken auf die Reise.

Vor langer Zeit die Ahnen wussten,

Dass Schaukeln bringt Gemütlichkeit.

So rhythmisch wiegend wie ein Pendel,

so schenkt es uns Geborgenheit.

Manch einer wäre mehr gelassen,

Wenn würde er doch nur mehr schaukeln.

Stattdessen sucht er oft beharrlich,

Sich Hirngespinste vorzugaukeln.

Ja, manchmal suchen wir vergeblich

Des Schaukelstuhles sanfte Lehnen.

Nur ist es wirklich hölzern' Ding,

Nach dem wir uns dann sehnen?

Bürokratie und Dienst nach Vorschrift

Sie mahlt so gründlich trefflich fein,

Gigantisch bürokratisch Mühle.

Der Müller lässt Gewissen sein,

Zermalmt auch Seelen und Gefühle.

Genau nach Vorschrift wird zermahlt,

Das Korn wie seelenlose Wesen.

Am Ende wird Gewicht gezahlt,

Nur Zahl der Säcke abgelesen.

Durch sorgsam Mahlens Prozedur

Wird Menschlichkeit zu Staub gerieben.

Die Empathie sie zeigt sich nur

Beim Werk, das engagiert betrieben.

Wenn Antrieb wird der Vorschrift Raub,

Den Wind des Ansporns wir vermissen:

Letztendlich Gut ist Mühlsteins Staub,

In Sack gefüllt ganz nach Prämissen.

Selbstgespräch

Was geht mich das Schicksal der Anderen an.
Vor was soll ich ständig die Welten erretten?
Ich will noch genießen so lange ich kann -
Sonst hängen bald alle an mir wie Kletten!

Bist du denn nur da, um das Glück zu genießen,
Im Luxus und ohne bescheidene Zeit?
Das würde selbst dich doch auf Dauer verdrießen!
Wo bliebe denn da deine Mitmenschlichkeit?

Lass mich an die eignen Probleme erst denken,
Nicht auch noch bewältigen anderer Sorgen!
Würd jemand denn mir auch nur irgendwas schenken,
Bei großem Bedarf 'mal so einfach schnell borgen?

Siehst du nur im Glück deinen einzigen Wert,
Ist nichts als Genuss ein begehrliches Ziel?
Wird Glückes Gefühl dir nicht sofort verwehrt,
Wenn du siehst die Mitmenschen leiden so viel?

Nur ich und die Meinen, die sind mir wichtig,
Was gehen mich Fremde da draußen schon an?
Und niemand soll sagen, das wäre nicht richtig:
Ich strebe nach Reichtum und komm gut voran!

Du solltest viel lieber die Armen beschenken,
Beschaffen auch ihnen die nützliche Dinge,
Selbst ohne dabei an dich selbst nur zu denken:
Dein Hochmut-Gefühl auf der Stelle verginge.

Das sollten wir wissen aus unsrer Erfahrung:
Wie immer, bei sinnvollen Taten im Leben
Ist Ziel nebst Genuss auch Respektes Bewahrung
Und schwer ist's, das richtige Maß anzustreben.

Zu leben heißt Hilfe, heißt Hoffnung, heißt Liebe -
Hier darf gar kein Schmutz, gar kein Sand ins Getriebe.
Doch nehmt ruhig die Prise von Muße, Genuss:
Zur Tatkraft des Gebens sind sie auch ein Muss!

Vom Geben und Nehmen

"Nur immer ständig geben, geben, geben!",
Ruft wahre Menschlichkeit uns zu im Leben.
"Nur immer ständig nehmen, nehmen, nehmen!"
Erklingt die raue Sprache der Bequemen.

Kontrast, er muss nicht gut und schlecht bedeuten:
So nehmt Genuss, nehmt Freude, nehmt das Glück!
All dies gibt Kraft zu geben and'ren Leuten;
Die Gabe kommt als Liebe stets zurück.

Denn Beides - Geben, Nehmen - sind gewichtig,
Und hängen ab von uns'rer Situation.
Nur Eines wegzulassen wär' nicht richtig,
Zerstörte Gleichgewicht der Emotion.

Nehmt an die Liebe in den jungen Jahren!
Gebt und helft in Euren Schaffensphasen,
Dürft dann im Alter Empathie erfahren.
Gefühle platzen nicht wie Seifenblasen.

Die Ideal-Mixtur aus Nehmen/Geben
Ist nicht auf's Milligramm genau zu wiegen -
Und doch ist Beides von Gewicht fürs Leben.
Die Empathie - sie muss am Ende siegen.

Spielend leicht, wie das Leben

Feld: ein schwarzweiß kariertes Quadrat.

Vierundsechzig Felder, zweiunddreißig Figuren,

Zwei schweigende Spieler, gegenüber, oftmals auch Uhren:

Züge bedeuten Gedanken-Spagat.

Bauern müssen am meisten leiden:

Ziehen behäbig voran und werden oft Opfer der Macht,

Setzen dem Gegner zu, der dann bestimmt nicht mehr lacht.

Nötig sind taktische Fähigkeiten.

Pferd oder Springer sind sehr behände.

So wurde mit listigen Zügen, die sehr kompliziert

Erscheinen, schon mancher Gegner irritiert.

Oftmals brachte ihr Hüpfen die Wende.

Läufer bestreichen einfarbige Diagonalen,

Häufig gegen wendigen Springer getauscht,

Kommen auch von weit her herangerauscht.

Auf richtiger Farbe bereiten sie Gegnern Qualen.

Türme bewegt der Weitblick geradeaus.

Ziel ist, offene Linien zu besetzen.

Verdopplung sucht Gegner durch heftigen Druck zu verletzen.

Auf ihre Wucht läuft manches Endspiel hinaus.

Dame ist wie im Leben schwer zu verstehen.

Perfekt beherrscht sie Tanzes Kunst hingegen,

Kann vorwärts, seitwärts, rückwärts, schräg sich bewegen,

Ist äußerst sorgsam zu führen, sie darf nicht vergehen.

Majestät König - höchstes Eroberungsziel -

Vor feindlichem Angriff versteckt hinter Bauern,

Stetig begehrt trotz aller Mauern,

Oft lang umkämpft, doch matt, wenn Feinde zu viel.

Nach langer Erfahrung erlernte Konsequenz:

Spiel erfordert berechnende Kombinatorik.

Ganz fehl am Platz ist redegewandte Rhetorik.

Selbst Meister entthront durch künstliche Intelligenz.

Feiertage

Drei Weihnachtswünsche

Mein Weihnachtswunsch für dieses Jahr,
Er kostet wenig, ist nicht teuer.
Ist anders, als er früher war.
Drei kleine Wünsche sind es heuer:

Mein erster Wunsch ist froher Sinn.
Ich wünsch' mir ein paar rote Kerzen
Mit Flammen, flackernd vor sich hin,
Mit Wärme, dringend in die Herzen.

Mein zweiter Wunsch ist friedvoll' Ruh'.
Ich wünsch' mir waffenfreie Felder,
Den See, der friert ganz leise zu,
Den Eindruck tief verschneiter Wälder.

Mein dritter Wunsch ist Menschlichkeit.
Ich wünsch' dem Armen viel Beschenkung,
Dem Reichen mehr Bescheidenheit,
Dem sinnlos' Kaufrausch mehr Beschränkung.

Sind diese Wünsche denn zuviel?

Ich wüsst' nicht, welcher wär' zu streichen.

Zumindest sind sie hehres Ziel,

Zumindest setzen sie ein Zeichen.

Silvester-Vorsatz

Immer zu des Jahres Ende
Nach dem weihnachtlichen Fest
Mein Gewissen reibt die Hände,
Unterzieht mich hartem Test.

Fragt mich ohne jede Warnung:
„Guten Vorsatz schon gefasst?"
Nun hilft weder List noch Tarnung,
Auch wenn Frage mir verhasst.

Ganzes Jahr verschläft Gewissen.
Heute wird es plötzlich wach,
Quält sofort mit Geistes Bissen,
Hält Gedankengang in Schach.

Werd' dich heuer ignorieren.
Weg mit dir du quälend' Geist!
Kannst mir gar nicht imponieren,
Wenn du noch so um dich beißt.

Guter Vorsatz schnell gesprochen,
An Silvester recht gewagt.
All Versprechen schnell gebrochen,
Wenn die Zeit nach Neujahr jagt.

Änderung, ich werd' dich starten,
Wenn ich habe auf dich Lust.
Musst ein kleines bisschen warten,
Beispielsweise bis August.

Humor

Ursprung und Stetigkeit der Zeit ODER:
Samstag morgens beim Metzger
(*kursiv: ich,* normal: Verkäuferin)

Ich nehme hundert Gramm der guten Zeit.
Mein Herr, man kann die Zeit doch gar nicht wiegen!
Dann schneiden Sie ein Stück, zwei Finger breit.

Man kann die Zeit nicht kaufen nach Belieben -
Sie hat nicht Länge, Breite, nicht Gewicht.
Deshalb kann man sie nirgends käuflich kriegen.

Naja, was wiegt zum Bespiel ein Gedicht?
Doch auch nichts! Dennoch kann ich es bekommen.
Mir scheint Sie führen mich hier hinters Licht.

Gedichte hat sich jemand halt ersonnen,
Die Zeit hingegen: Scheint sie nicht unendlich?
Und doch ist sie dann rasend schnell verronnen.

Trägt Zeit denn eine Dimension in sich?
Oh ja: Man kann sie messen in Sekunden.
Auch negativ? Das ist nicht selbstverständlich!

Ja klar: Wer kennt nicht die vergang'nen Stunden,
Die schönen Tage, die da leider mussten weichen!
Ist diese Metrik denn nicht frei erfunden?

Wenn unsre Zeit hat auch ein Minuszeichen,
Dann frage ich: Wie ist sie denn geeicht?
Wo ist die Null? Wie kann ich sie vergleichen?

Die Frage ist ja fast schon kinderleicht:
Die Null verschiebt sich, ist das Jetzt, das Heute;
Mit "Minus" wird Vergangenes erreicht,

Wonach das "Plus" der Zukunft Zeit bedeute.
Wenn nun der Nullpunkt wäre variabel -
Was einfach wär und was mich freute -,

Wär dann die kurze Zukunft akzeptabel,
Wenn dieser Nullpunkt sich fast rechts befände?
Solch Aussicht wär doch äußerst miserabel!

Glaubt nicht, das wäre dann der Zukunft Ende!
Der Nullpunkt würde stetig leicht verschoben,
Und Endlos-Achsen stoßen nicht an Wände.

Ist Ihre Ansicht nicht total verschroben?
Nicht mal die Null der Zeit, sie wär konstant!
Wär der Verlauf dann auch gekrümmt, verschoben?

Interessant, durchaus interessant!
So gerne würde ich mir Zeit erkaufen -
Stattdessen ist sie mir nun fortgerannt.

Nun muss ich auch noch mit dem Nullpunkt laufen.

Harmloser Zahnarzt-Besuch

Frühmorgens bin ich ahnungsvoll erwacht,
Und wusste gleich was ich mir vorgenommen:
Nur an den Zahnarzt habe ich gedacht.

Dann glücklich in der Praxis angekommen,
War meine Stimmungslage nicht verzückt,
War mein Gefühl noch immer recht beklommen.

Der Stempel ward ins Bonusheft gedrückt.
Gern hätte ich gemacht die flotte Biege -
Wär beinah aus der Praxis ausgerückt.

Doch schnell lag ich auf komfortabler Liege
Mitsamt dem bohrenden Gefühl im Magen,
Wohl wissend, dass der Zahnarzt hier obsiege.

Die hübsche Assistentin stellte Fragen.
Sie war in fesches Zahn-weiß eingekleidet -
Zum Schein wohl nur; ihr Ziel war, mich zu plagen.

Die Dame wirkte ja sehr zart besaitet,
Doch wusste ich, worin ihr Ziel bestand -
Sie war auf Zahnstein-Kratzen vorbereitet.

"Nur sagen, nimmt der Schmerz mal überhand!"
Bloß: Wie - mit off'nem, aufgesperrtem Schlund?
"Geduldig harren!", riet mir mein Verstand.

Dann sah die Meisterin in meinen Mund.
Ich sollte mehr auf Prophylaxe achten -
Für Bohren, Schleifen fand sie keinen Grund.

Na prima! Ich war hier nur zum Betrachten!
Die Hände fingen an, sich zu entfeuchten
Beim Vortrag, was noch wäre zu beachten.

Professionelle Reinigung "Wir" bräuchten,
Betonte diese Lady voller Gier -
Im braunen Aug' sah ich den Euro leuchten.

Wer ist wohl dieses kurz erwähnte „Wir"?
„Pluralis Majestatis, Höflichkeit.", -
Ganz klar und logisch schien die Antwort mir.

Dann machte langsam sich Erlösung breit:
Das lief doch besser, als zuvor gedacht -
Die Angst gehörte der Vergangenheit.

Iiich - Angst vor'm Zahnarzt? Wäre doch gelacht!

Ganz normaler HNO-Besuch

"Gesundheit ...", stand im Tages-Horoskop
Der Zeitung, die ich las am frühen Morgen,
Mir graute nämlich vor dem Endoskop:
Der HNO-Termin entfachte Sorgen.

Der Meister war schon Instrumente wählend -
ich war für ihn doch nur Notiz am Rand -,
als ich mich, die Sekunden lautlos zählend,
bereits auf dem Behandlungsstuhl befand.

Die Waffen waren ungleich zugewiesen:
Ich hatte bloße Hände zur Verfügung,
der Gegner durfte Arsenal genießen.
Er nahm das Rundschwert - schwelgend in Vergnü-
gung.

Das dünne Rundschwert ("Endoskop" genannt),
Es fuhr mir in den aufgesperrten Rachen.
Der Meister war leger, ja fast entspannt
und ich am Würgen. War dort leises Lachen?

Er zog das Endoskop behend zurück -

Mein Würg'reiz schien den Gegner mild zu stimmen.

Doch Irrtum! Zuversicht wich Stück für Stück:

Wen würde Waffenwechsel nicht ergrimmen?

Das Otoskop wurd' in mein Ohr gerammt -

An Gegenwehr war gar nicht mehr zu denken:

Als stechend Schmerz in meinem Kopf entflammt',

War kein Gedankenfaden mehr zu lenken.

Das Schicksal sollte nehmen seinen Lauf ...

Dann durfte ich durch zähen Nebel sehen:

Die Waffen ruhten; Qualen hörten auf;

Der Meister ließ mich ungeschoren gehen.

War das denn alles nichts als Fantasie?

Die Untersuchung fand ein gutes Ende,

danach gab's Pflanzentropfen-Therapie.

Wir reichten uns nach hartem Kampf die Hände.

Der kranke Computer

Grippal beschlich mich kürzlich ein Infekt.
Als quälten mich erst Hustenreiz, dann Fieber, -
Wer hat mich da bloß wieder angesteckt? -,
Riet mein Gewissen: "Geh zum Arzt, mein Lieber!"

An Doktors ungeliebter Pforte angekommen,
Durft' ich mich reihen in die kranke Schlange -
Genervt und schniefend, fiebernd und benommen.
Das dauerte mir alles viel zu lange.

"Was ist der Grund für diesen Krankheits-Stau?",
Erfragte ich von niesendem Kollegen.
"Was weiß denn ich?", erfuhr ich heiser, rau:
"Der Rechner scheint sich nicht mehr zu bewegen."

Oh weh! So sann ich leise vor mich hin:
Selbst der Computer ist Infekt-geplagt.
Gottlob ist er schon in der Praxis drin -
Dort wird er schleunigst nach Symptom befragt.

Wenn Virus wär' des Rechners Krankheits-Grund:
Ich würd' ihm bitt're Tränke einverleiben,
Ihm Pillen schieben in des Laufwerks Schlund,
Ihm stechend' Salben auf's Gehäuse reiben.

Sieh' da! Schon durch den Plan der Therapie,
Da wagte der Computer nicht, zu warten.
Die Bitterkeit der Keule aus Chemie,
sie riet ihm tunlichst, möglichst schnell zu starten.

Genauso schnell war dann mein Weg nach Haus.
Auch ich vermied Chemie in meinem Mund,
Kurierte meine Krankheit richtig aus.
So bin ich heute wieder schön gesund.

Na, wie geht's?

Wenn jemand sagt: "Wie geht es dir?",
Geb' ich zur Antwort immer: "Schlecht!".
"Warum denn?" fragt ihr hier zu Recht.
Ein altes Sprichwort sagt es mir:

"Schlechten Leuten geht es immer gut."

So ist die Antwort "Gut!" wohl nie zu wählen,
Um zu den schlechten Leuten nicht zu zählen.
Und sollt's mir einmal gehen nicht so gut -
So schöpf' ich aus dem Sprichwort neuen Mut.

Der malende Poet?

Dichter und ein Maler,
Die hatten heftig Streit:
Wessen Kunst war älter
In längst vergang'ner Zeit?

Was war am Anfang da,
Henne oder Eier?
Die Frage ist nicht rar -
Jeder kennt die Leier.

Dichter weiß es besser.
Es fällt ihm ein sofort.
Folgert scharf wie's Messer:
„Am Anfang war das Wort."

Maler voller Innbrunst:
„Du armer Schreiberwicht!
Hast im Kopf die Mal-Kunst.
Nur so entsteht Gedicht!"

Fanden dann zusammen.
Am Ende schufen sie
Ohne größ're Schrammen
Bebildert' Poesie.

Sonstiges & Reisen

Die Kette

Ist "Kette" nicht ein triviales Werk,
Verbindend Menge gleicher Einzel-Glieder?
Lasst richten uns auf sie das Augenmerk.

Wir finden sie zuhauf im Alltag wieder:
Die ganze Erde scheint durch sie umspannt;
Geflecht gebühren höchste Lobeslieder.

Das Internet ist letztlich nur bekannt,
Weil Texte, Bilder da geschickt verkettet
Sind. Querverweise werden Links genannt.

So mancher Ritter wurde nur gerettet
Durch Ketten-Panzerung aus feinen Ringen,
In die der Krieger schwer war eingebettet.

Doch auch in vielen ganz abstrakten Dingen
Erstrahlt die Kette, kann auf ihre Weise
Die Folgerung der Logik oft erzwingen.

Gelehrte liefern Schlüsse und Beweise,
Verlassen sich genauso auf die Ketten,
Wie Juweliere schätzen Perlenpreise.

Die Fahrradfahrer pflegen sie mit Fetten,
Auf dass die Kette reibungsfreier liefe,
Um Schaltung vor Verschleiß zu retten.

Betrüger senden viele Kettenbriefe
In Hoffnung, Geld zu scheffeln kiloweise,
Begebend sich in Unterwelten Tiefe.

Der Kettensäge Klang ist gar nicht leise:
Das klingt so überhaupt nicht wie ein Lied,
Wenn man im Wald motorisch mäht die Schneise.

Der Kette Kraft begrenzt das schwächste Glied.
Zusammenhalt ist ihre Stärke eben -
Dafür gibt's nach wie vor den Kettenschmied.

Und diese Verse sollten Beispiel geben,
Verkettung der Bedeutung nach gewichten,
Um Ketten wirkungsstark hervorzuheben:

Sie eignen sich zu mehr als nur zum Dichten.

Zauber der Fado-Klänge

Ich kannte diesen Stil noch nicht einmal -
So fern und fremd war mir das "Fado" Wort.
Ein langer Urlaubstag in Portugal
Entführte mich zu Fados Ursprungsort.

Alfama hieß der Ort mit Atmosphäre,
Wo ich durch Zufall auf den Fado stieß.
In der Kapelle war für mich Premiere,
Wo ich mich auf dem Holzstuhl niederließ.

Dann die Fadista stolz erschien - noch jung,
Mit langem schwarzen Haar, im Sommerkleid
Aus dunklem Taft mit Blüten als Verzierung.
Ihr Anblick war für mich Erlesenheit.

Zwei Gitarristen durften sie begleiten:
Sie zupften ihre Saiteninstrumente
Und durften sanfte Klänge so verbreiten.
So saß ich hier, genießend das Ambiente.

Das Spiel begann: Die ersten Cister-Klänge
- zusammen mit ganz milden Klampfen-Tönen -
Erschufen Fundament für die Gesänge,
Die sollten mich verzaubern und verwöhnen.

Dann war's soweit: Die Stimme setzte ein!
Die ganze Flut von Sehnsucht, Anmut, Innbrunst
Brach unvermittelt über mich herein -
Die kolossale Welle dieser Kunst.

Berauschend ist des Fados hohe Kunst:
Des Südens Weltschmerz wird hier zelebriert,
Ließ mich verweilen in der Muse Dunst
Und hat dabei auch Tränen generiert.

Die Mischung aus Melancholie und Sehnsucht,
Gepaart mit atemraubendem Sopran,
Ganz sicher weltweit ihresgleichen sucht -
Denn sie entspringt dem Herz und nicht dem Plan.

Ganz viel Musik durft' ich im Leben hören
Von Klassik über Pop zum Techno-Klang.
Noch nie ließ ich mich dabei so betören,
Wie es dem Zauber Fados leicht gelang.

Transatlantik-Flug

Qualvoll heulend stöhnen die Turbinen,
Die Räder rattern über den Asphalt.
Ringsherum nur angespannte Mienen,
In Sitz gedrückt von Schubkraft Urgewalt.

Kurzer Ruck, schon sind abgehoben,
Konstant bewegen wir uns steil empor.
Großes wird zu Punkten auf dem Boden -
Beständig Triebwerk-Lärm traktiert das Ohr.

Zähe Wolkendecke ist durchstochen,
Schon bald die Reisehöhe dann erreicht.
Fluges Schwebephase angebrochen,
All' Spannung dem Gefühl von Freiheit weicht.

Unten Formen Watte-gleicher Kissen,
Darüber klar-türkises Himmelszelt.
Wer möchte diese Perfektion schon missen:
Wie friedvoll, zauberhaft ist uns're Welt!

Speisen, Weine, dazu Filme sehen:
Gefällt mir das? Ich weiß es nicht!
Lange Stunden müssen hier vergehen;
Nur Müßiggang an Bord scheint Pflicht.

Der Turbinen monotones Dröhnen
Mischt Müdigkeit in meinen Sinn.
Kein Gedankenklang will mehr ertönen,
Als Schlaf mich schließlich rafft dahin.

Aufgewacht, noch in der Träume Sphären,
Als würzig' Kaffee-Duft mich schon umweht.
Jemand schickt sich an, mir zu erklären,
Dass Flugzeug wieder über Festland schwebt.

Stetig Sinkflug hat bereits begonnen,
Die Landeklappen bremsen ganz sanft ab.
Zeit ist wie im Flug für mich verronnen;
Durch graue Schwaden gleiten wir hinab.

Fern ist schon derFlugplatz zu erahnen,
Dicht neben riesengroßem Binnenmeer.
Immer größer werden Landebahnen,
Bis Gummis greifen tosend auf dem Teer.

Zeit ist wörtlich wie im Traum vergangen.
Erstrebtes Ziel, bald werd' ich bei dir sein.
Hoffentlich wirst du mich wohl empfangen!
Wer hätt' gedacht, dass Welt ist doch so klein.

Teneriffa

Egal wohin, dem Alltag kurz entschweben,
So trafen wir auf Teneriffa ein.
Ein bisschen Sonne, Strand und süßes Leben –
So ähnlich sollte unser Urlaub sein.

Die ungeheure Vielfalt dieses Stücks
Vulkan-Gesteins, sie nahm uns schnell gefangen
Und schenkte uns zwei Wochen Lebensglücks.
Die Zeit ist wie ein Wimpernschlag vergangen.

Die Insel bot uns drei Gesichter an:
Im Süden Sonne, Strand mit schwarzem Sand,
Im Zentrum Berge - jeder ein Vulkan -,
Im Norden Wolken, Regenwald-Bestand.

Obwohl wir oft am Strand im Süden weilten,
Um Sonne, Wind, Atlantik pur zu spüren,
Trieb uns recht bald die Neugier und wir peilten
An, Touren durch die Insel durchzuführen.

Die Ausflugs-Ziele waren schnell gefunden.
Steil ging's empor durch schmale Serpentinen -
Als wären sie um schwarzen Stein gewunden -
Durch Nebel zu Vulkanen und Kaminen.

Wir ließen Wolken langsam unten liegen -
Da lag die Insel vor uns ausgebreitet:
Die Lava schien auf Wattebausch zu fliegen,
Vom tiefen Blau des Ozeans begleitet.

Die Fantasie, sie formte unwillkürlich
Konkrete Dinge, Tiere beim Genuss
Der Lava-Formationen. Doch natürlich
Entstand all dies durch zähen Magma-Fluss.

Auch ein Besuch im Norden musste sein:
Der Regenwald Anagas wurd' besucht.
Mit Shorts und T-Shirt stiegen wir halt ein:
Wir hatten schließlich Sommer hier gebucht.

Nach wieder ein, zwei Stunden Serpentinen
Erreichte unser Acht-Mann-Jeep dann bald
Den ohne Niederschlag erstaunlich grünen
Umnebelt liegend' Lorbeer-Zauberwald.

Die Bäume dieses Regenwaldes brauchen
Nie Regen: Kiefern kämmen einfach Wolken,
In deren Dunst sie quasi ständig tauchen.
Das Nass wird so vom Lorbeer-Baum gemolken.

So kommt der Niederschlag hier nie von oben
Und doch war alles dick mit Moos verhüllt.
Auch T-Shirts waren blitzschnell vollgesogen –
Und wir bei sechzehn Grad gut durchgekühlt.

Der Führer zeigte schließlich ein Erbarmen,
Lud uns zu einem Barraquito ein.
So saßen wir bald schön durchnässt im Warmen,
Bei starkem Kaffee mit Likör ... mmmh ... fein!

Ach, eines hatten wir noch absolviert:
Besuch im maritimen Loro-Park.
Ich war vom Haifisch-Tunnel fasziniert,
Doch auch der Eindruck mancher Show war stark.

Ein Herbst-Tag in Amsterdam

Wenn uns der mühsame Trott grauen Alltags beginnt zu verschlingen,

> Dann ist die Reise, der Weg, schon ein sich lohnendes Ziel.

Leben in neuer Umgebung ermahnt uns, flexibel zu bleiben.

> Alltag weicht neuem Terrain; dieses gibt frischen Impuls.

Amsterdam lautete diesmal das Ziel der geschäftlichen Reise.

> Sonntags frühmorgens war Start, mittags das Ziel schon erreicht.

Herrlichster Spätsommer lud mich zum Stadtbummel ein und

> Trieb mich sofort in die Stadt. So fing die Reise gut an.

Locker zu schlendern entlang an den zahllosen schillernden Grachten

> War für mich purer Genuss, dem gab ich mich gerne hin.

Häuser mit Farben, bemalt in pastellenen Tönen verliehen dem

> Bild einen spiegelnden Glanz, der mir fast künstlich erschien.

Amsterdams Bürger verbringen den Sonntag wohl gern auf den Booten,

> Gleiten geruhsam dahin, streifen all Last von sich ab.

Seltsamerweise verströmten die zahllosen tuckernden Bötchen

> Ruhe und tauchten die Stadt tief in ein friedliches Flair,

Das Metropolen aufgrund ihrer Größe sonst selten besitzen.

> Milde Gesinnung entstand - selbst hier im Herzen der Stadt.

Klingeln der Radler und Rumpeln der Räder der kultigen Tram passten

> Stimmig, perfekt in das Bild; ja sie verstärkten es noch.

Müde vom endlosen Gehen auf Wegen aus steinharten Klinkern

> Brauchte ich dringend die Rast, die ich bei Bier dann genoss.

Weitere tolle Nuancen erzeugte die sinkende Sonne und

> Färbte die Szene gekonnt, wischte Gedanken hinweg.

Müdigkeit machte nun Körper und Sinnen erheblich zu schaffen.

Nach einem kleineren Mahl ging's dann zurück zum Hotel.

Aber die Fluten der Eindrücke mussten verarbeitet werden,

Ließen den Schlaf nicht gleich zu. So war die Nacht dann recht kurz.

Zeitfracht Medien GmbH
Ferdinand-Jühlke-Straße 7
99095 Erfurt, Deutschland
produktsicherheit@kolibri360.de